Sommaire

Comprendre les modalités et l'évaluation du Grand oral

Le Grand oral se déroule en trois temps et il est évalué par un jury constitué de deux professeurs. Il se prépare tout au long de l'année.

Choisissez et préparez vos questions
Vous devez choisir deux questions portant sur vos enseignements de spécialités, soit pris isolément, soit abordés de manière transversale.

Entraînez-vous aux techniques de l'oral
Vous devez travailler la prise de parole en public grâce à des exercices d'élocution, de débit de la parole, de votre intonation...
Vous pouvez également travailler votre posture : gestes expressifs, regards, sourires...

1er temps

Présentation d'une question (exposé)

Vous proposez deux questions au jury.
Le jury en choisit une seule, que vous devez présenter.

- **Préparation** 20 min
  Vous préparez votre présentation orale ainsi qu'un support sur une feuille que vous remettrez au jury : le support est facultatif, mais il est recommandé d'en remettre un au jury.
- **Présentation** 5 min
  Vous présentez oralement, sans note et debout, votre réponse à la question choisie.

2e temps

Discussion avec le jury sur l'exposé oral — 10 min

- Il s'agit d'approfondir votre travail et de répondre à des questions autour de votre exposé.
- Le jury peut vous poser des questions sur tout le programme du cycle terminal de vos deux spécialités.

3e temps

Échange avec le jury sur le projet d'orientation — 5 min

- C'est une réflexion autour de vos choix de spécialités et de votre projet d'orientation.
- Il s'agit de partager l'évolution de votre cheminement, à la fois dans le cadre scolaire et dans le cadre personnel (vos activités, vos centres d'intérêt, etc.).

Nathan live! Présentation commentée du Grand oral.

Notation suivant 5 critères d'évaluation

- Qualité de l'épreuve orale
- Qualité de la prise de parole en continu
- Qualité des connaissances
- Qualité de l'interaction
- Qualité et construction de l'argumentation

Nathan live! Grille d'évaluation indicative officielle de l'épreuve orale.

Nom : ....

Prénom : ....

Classe : ....

Le cahier du GRAND ORAL

Olivier Jaoui

Expert de la prise de parole en public et des entretiens
Intervenant dans les lycées pour la préparation au Grand oral
Fondateur de Mission-Admission.fr

Nicolas Coppens

Professeur agrégé et docteur en didactique
Formateur dans les lycées pour le Grand oral

Avec la participation de **Maud Steidel** (professeur documentaliste, experte de la recherche documentaire et en orientation) et, pour les ressources numériques, d'enseignants des différentes spécialités : **Lynda Itouchène** (Anglais), **Claire Lingenheim-Lavelle** (Histoire des arts), **Garance Ouazine** (Histoire-Géographie), **Florence Renner** (Lettres), **Pierre-Antoine Desrousseaux** (Mathématiques), **Frédéric Jourdin** (Numérique et sciences informatiques), **Nicolas Coppens** (Physique-Chimie), **Laurent Lafond** (Sciences de la vie et de la Terre), **Étienne Scharr** (Sciences économiques et sociales).

Nathan

Grâce à l'application **Nathan live**, accédez au fil des pages à toutes les ressources numériques !

COMMENT FAIRE ? C'EST FACILE !

1. Téléchargez l'application gratuite **Nathan live** disponible dans tous les stores sur votre smartphone ou votre tablette (Appstore, GooglePlay).
2. Ouvrez l'application. Flashez les pages de votre cahier où les pictos apparaissent en plaçant votre appareil au-dessus de la page. Visionnez ou écoutez les ressources !

(!) **L'application nécessite une connexion Internet.**

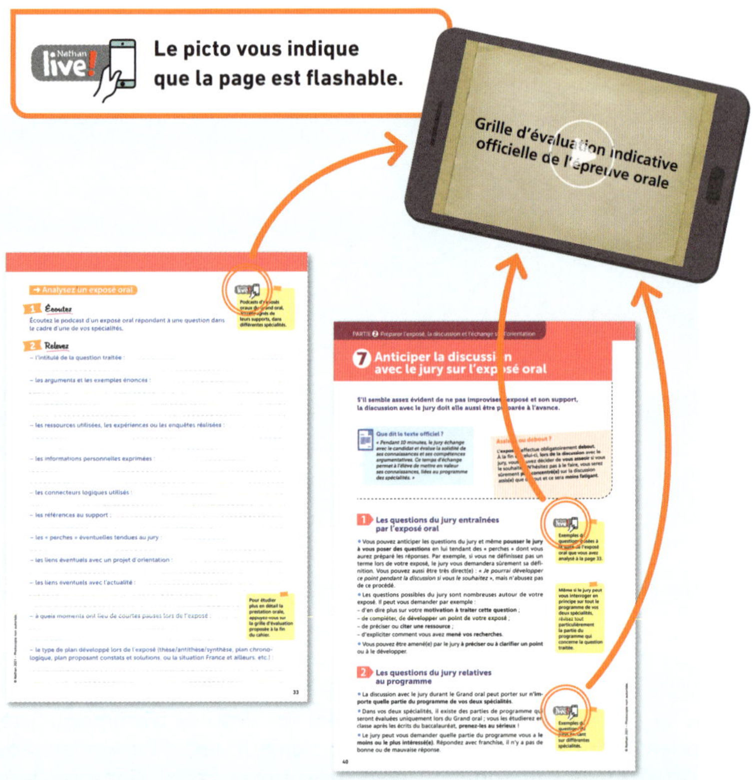

En flashant les pages

▶ Toutes les ressources numériques sur votre smartphone !

Direction éditoriale : Catherine Gaschignard
Édition : Charlotte Dordor
Conception graphique intérieure : Élise Launay et Clémentine Largant
Conception graphique couverture : Clémentine Largant
Composition : Dominique Papon
Illustrations : Emmanuelle Pioli
Fabrication : Kévin Magar
Photograveur : Irilys

→ Identifiez vos atouts

1 Évaluez-vous

Vous avez déjà été évalué(e) à de nombreuses reprises à l'oral au cours de votre scolarité. Pour chaque évaluation orale que vous avez déjà passée, indiquez en quelques mots :

ce qui vous a semblé positif (« *Je n'ai pas parlé trop vite* », « *J'ai réussi à respecter la durée prévue* », « *J'ai bien répondu aux questions* », etc.)	**ce qu'il faudrait encore améliorer** (« *Je ne savais pas quoi faire de mes mains* », « *J'ai été totalement bloqué(e) lorsqu'on m'a posé une question* », etc.)
....	....
....	....
....	....
....	....
....	....
....	....
....	....
....	....
....	....

2 Faites le point

À partir de ces expériences passées, identifiez vos points forts et les points qu'il vous semble important de travailler plus particulièrement pour le Grand oral.

Il me semble	de parler 5 minutes debout face à un jury, sans note	de mener une argumentation dans le cadre de mes spécialités	de répondre à des questions portant sur mes connaissances	de répondre à des questions portant sur mon projet d'orientation
très facile	○	○	○	○
assez facile	○	○	○	○
assez difficile	○	○	○	○
très difficile	○	○	○	○
	9 p. 46 10 p. 48 11 p. 52 12 p. 56	1 p. 6 3 p. 16 5 p. 28 6 p. 32	4 p. 18 7 p. 40	2 p. 10 8 p. 44

1 Sélectionner des sujets

La sélection dès le début de l'année scolaire de sujets pouvant être présentés lors du Grand oral est essentielle pour bien réussir cette épreuve.

Que dit le texte officiel ?

« Le candidat présente au jury deux questions préparées avec ses professeurs et éventuellement avec d'autres élèves, qui portent sur ses deux spécialités de Terminale, soit prises isolément, soit abordées de manière transversale. »

Quels sujets sélectionner ?

- Sélectionnez dans vos spécialités des sujets **qui vous intéressent**. En effet, si le sujet ne vous intéresse pas, vous n'arriverez pas à intéresser le jury.
- Bonne nouvelle : c'est **vous qui choisissez vos sujets**. Il est donc plus facile de trouver des sujets qui vous intéressent.

À vous de jouer !

Feuilletez en avance vos manuels de spécialités pour prendre connaissance de tous les chapitres qui seront développés au cours de l'année, et notamment ceux qui seront traités après les épreuves écrites de spécialités du baccalauréat.

Listez tous les chapitres susceptibles de vous intéresser pour le Grand oral et expliquez votre choix en quelques mots.

....

....

....

....

....

....

....

....

....

....

....

....

....

→ Expliquez l'intérêt d'un sujet

Choisissez un sujet pour vous entraîner.

Nathan live! Exemples dans différentes spécialités.

1 À quelle partie du programme de spécialité le sujet est-il lié ?

2 Notez en trois points précis pourquoi ce sujet vous intéresse.

-
-
-

Assurez-vous que vous aurez suffisamment de « matière » sur le sujet. Pour cela, discutez-en avec le maximum de personnes différentes.

3 Commencez votre réflexion :

– en reliant ce sujet à une éventuelle actualité, à la « société », à la vie de tous les jours, à un exemple personnel, etc.

– en notant « en vrac » les idées, les mots-clés qui vous viennent à l'esprit à propos de ce sujet, en vous posant les questions « en quoi, de quoi, qui, comment, où, quand, pourquoi... ? ».

N'hésitez pas à réaliser une carte mentale pour envisager les différents aspects du sujet.

→ Recensez des sujets

Première spécialité

Sujet	Intérêt de votre sujet
Sujet 1 :	....
Sujet 2 :	....
Sujet 3 :	....
Sujet 4 :	....

Réfléchissez à des questions qui vous intéressent au fur et à mesure de l'étude des chapitres en classe.

Il est possible qu'une nouvelle idée en efface une autre… petit à petit, votre choix s'affine !

→ Recensez des sujets

Deuxième spécialité

Sujet	Intérêt de votre sujet
Sujet 1 :	....
Sujet 2 :	....
Sujet 3 :	....
Sujet 4 :	....

N'oubliez pas la possibilité de choisir des questions transversales à vos deux spécialités.

Nathan live!

Pages supplémentaires pour recenser tous les sujets qui vous intéressent.

2 Prendre en compte son projet d'orientation

Les questions préparées pour le Grand oral peuvent éclairer votre projet d'orientation.

Que dit le texte officiel ?

« La question [...] permettra d'utiliser les connaissances liées aux spécialités pour démontrer les capacités argumentatives et la maturité du projet de poursuite d'études, voire professionnel. »

Pourquoi évoquer si possible votre orientation dans l'exposé du Grand oral ?

- Vous **personnalisez votre exposé oral** et vous montrez ainsi **votre intérêt** pour la question.
- Lors de l'exposé oral, vous **pouvez ainsi orienter les questions qui seront posées par le jury** lors de la partie consacrée à l'orientation.

À vous de jouer !

Rappelez les recherches concernant votre orientation ou vos idées de métier ainsi que le(s) stage(s) en entreprise que vous avez déjà effectué(s).

....

....

....

....

....

....

....

....

....

....

Expliquez en quelques mots vos choix de spécialités, en lien si possible avec votre projet d'orientation, vos idées de métiers et/ou vos stages.

....

....

....

....

→ Apprenez à mieux vous connaître

Pour concevoir votre projet d'orientation et le relier si possible avec les questions du Grand oral, il est important d'identifier précisément vos centres d'intérêts, vos valeurs et vos compétences.

N'hésitez pas à discuter dès le début de l'année de votre orientation avec vos proches, vos enseignants ou les professeurs-documentalistes. Vous pouvez aussi en parler avec un psychologue de l'Éducation nationale.

1 Cherchez l'inspiration

Choisissez une personne et expliquez pourquoi elle vous inspire (elle peut faire partie de votre entourage ou être un personnage célèbre).

Centres d'intérêts	Valeurs	Compétences
La nature, le sport, la musique, les jeux vidéo, le bricolage, la cuisine, les voyages, etc.	La tolérance, le partage, l'ambition, l'honnêteté, la justice, l'authenticité, etc.	**Savoirs et savoir-faire :** bon esprit de synthèse, etc. **Savoir-être :** esprit d'initiative, sens du contact, etc.
Personne qui m'inspire :	**Personne qui m'inspire :**	**Personne qui m'inspire :** ....
Pourquoi cette personne m'inspire :	Pourquoi cette personne m'inspire :	Pourquoi cette personne m'inspire : ....

2 Identifiez qui vous êtes

À partir de l'exemple ci-dessus, indiquez vos centres d'intérêts, vos valeurs et vos compétences actuels ainsi que ceux que vous voudriez développer.

	Mes centres d'intérêts	Mes valeurs	Mes compétences
actuels	....	....	....
que je veux développer	....	....	....

→ Identifiez les secteurs d'activités professionnelles qui vous correspondent

1 Identifiez les activités qui vous intéressent

Entourez les propositions ci-dessous qui correspondent à ce que vous voudriez faire plus tard.

Soigner — Aider ou conseiller — Informer les autres — Surveiller et défendre

Pratiquer les langues étrangères — Travailler à l'extérieur — Manier des chiffres

Faire un travail de précision — Être un technicien dans l'industrie — Travailler à mon compte

Exercer un métier artistique — Faire de la recherche — Travailler à l'étranger

Être en contact avec la nature ou s'occuper d'animaux — Travailler en équipe

M'occuper de personnes handicapées — Travailler dans la fonction publique

Enseigner ou éduquer — Me déplacer souvent — M'occuper de voyages ou de loisirs

Exercer une activité physique — Être au contact d'un public — Faire du commerce

Travailler dans un bureau — Travailler dans un laboratoire — Travailler un matériau précis

Autre(s) proposition(s) : ....

....

....

2 Trouvez un secteur professionnel

Répondez aux quiz de l'ONISEP ou consultez les sites Internet dédiés à l'orientation pour vous aider à déterminer les secteurs d'activités professionnelles (médecine, métiers en lien avec la nature, métiers du droit, etc.) susceptibles de vous intéresser.

Nathan live! Quiz et sites Internet sur l'orientation.

Secteurs d'activités professionnelles et métiers associés	Avantages selon moi	Inconvénients selon moi
....	....	....
....	....	....

Nathan live! Pages supplémentaires pour recenser tous les secteurs d'activités professionnelles qui vous intéressent.

→ Déterminez votre projet de poursuite d'études ou votre projet professionnel

Études envisagées : ....

Durée, lieu et coût des études, modalités d'admission ....

Descriptif des études ....

Métier(s) envisagé(s) à la suite de ces études ....

Compétences (savoirs, savoir-faire et savoir-être) nécessaires ....

Ces études correspondent-elles bien à mes centres d'intérêts, mes valeurs et mes compétences ?

◯ Oui ◯ Non ◯ Autre : ....

Nathan live!

Exemples de sites Internet ou de forums dédiés à l'orientation.

Rencontrez des professionnels sur leur lieu de travail, lors d'un stage ou dans le cadre d'un salon pour obtenir des informations.

Métier envisagé : ....

Descriptif des activités ....

Conditions d'exercice (environnement de travail, individuel ou en équipe, déplacements…) ....

Salaire moyen débutant ....

Évolution possible de carrière ....

Situation du marché de l'emploi (saturé, en pleine expansion…) ....

Études (durée, coût…) et compétences nécessaires pour exercer ce métier ....

Ce métier correspond-il bien à mes centres d'intérêts, mes valeurs et mes compétences ?

◯ Oui ◯ Non ◯ Autre : ....

Nathan live!

Pages supplémentaires pour recenser toutes les études ou tous les métiers qui vous intéressent.

➜ Reliez vos projets d'orientation aux sujets potentiels

Première spécialité

Sujet	Liens éventuels avec mon (mes) projet(s) d'études ou mon (mes) projet(s) professionnel(s)

Exemples dans différentes spécialités.

Pas de panique si vous ne parvenez pas à relier vos deux sujets pour le Grand oral avec un projet d'orientation. Vous ne serez pas pénalisé(e) par le jury s'il n'y a pas de lien entre eux.

→ Reliez vos projets d'orientation aux sujets potentiels

Deuxième spécialité

Sujet	Liens éventuels avec mon (mes) projet(s) d'études ou mon (mes) projet(s) professionnel(s)
....	....
....	....
....	....
....	....

Les attendus et les programmes des formations que vous avez repérées lors de la détermination de votre projet d'orientation peuvent vous donner des idées de sujets pour le Grand oral.

Nathan live!

Pages supplémentaires pour recenser tous les sujets qui vous intéressent.

3 Formuler les questions

Comme le disent les journalistes : « *Dans l'ordre, on choisit d'abord un sujet puis un angle pour le traiter* » (suivant les spécialités, le mot « angle » peut être remplacé par le mot « problématique »).

Que dit le texte officiel ?

« Les deux questions [...] mettent en lumière un des grands enjeux du ou des programmes de ces enseignements [de spécialité...]. Elles ont été élaborées [...] par le candidat avec ses professeurs et, s'il le souhaite, avec d'autres élèves. »

Comment formuler un sujet en question ?

- Vous devez choisir un **angle**, c'est-à-dire choisir le **regard personnel** que vous souhaitez porter sur le sujet.
- Votre question doit être la plus **explicite** et **accrocheuse** possible pour donner envie au jury de vous interroger sur le sujet.

1 Différentes formulations possibles

- Vous êtes libre du choix de la formulation de vos questions ; les questions possibles sont infinies, même si elles doivent être validées par vos professeurs.

– **Exemples de questionnements courants :** *Qui, Que, Quel / De quoi / En quoi / Comment ? Pourquoi ? Quand / Depuis quand ? Combien ? Où ? etc.*

– **Autres exemples, suivant les spécialités :** *Pour ou contre ? Peut-on ? Doit-on ? Dans quelle mesure ? Et si ? Est-il possible de ? Est-il souhaitable de ? Est-il vrai que ? Est-il faux de dire que ? Pour quelles raisons ? Quelles seraient les conséquences ? Quelles sont les causes ? Pourra-t-on un jour ? Est-il réaliste de ?* etc.

- **Vous pouvez aussi commencer vos questions par** une **citation**, une **anecdote**, un **fait d'actualité**, etc.

N'oubliez pas qu'une question peut porter sur vos deux enseignements de spécialité.

2 Différents angles possibles

- Un même sujet peut être traité suivant **des angles très différents**.
- Attention toutefois, **tous les angles ne sont pas pertinents pour le Grand oral**, notamment parce que l'exposé oral répondant à la question posée ne dure que 5 minutes. Ainsi, évitez :

– les questions **vagues, trop générales, non contextualisées, pas assez personnelles ou spécifiques** ;
– les questions vous amenant à faire des **réponses incertaines**, qui ne pourront pas être étayées par vos connaissances et compétences acquises lors de vos enseignements de spécialité ;
– les questions nécessitant une réponse sous forme de « **catalogue** » ;
– les questions ayant déjà été traitées **exactement sous le même angle** lors de vos enseignements de spécialité.

Nathan live!

Exemples de questions portant sur un même sujet traité sous des angles différents dans plusieurs spécialités.

→ Choisissez un angle pour formuler vos questions

1 Trouvez une formulation pour votre première question

Première question

Après avoir choisi un premier sujet, proposez plusieurs formulations de questions suivant l'angle choisi en utilisant des questionnements courants ou en utilisant des formulations plus spécifiques à votre (vos) spécialité(s).

– ....

....

– ....

....

– ....

....

Ne craignez ni l'originalité, ni la personnalisation lors de la formulation des questions.

Parmi les questions écrites ci-dessus, choisissez celle qui vous permettra de traiter votre sujet sous l'angle qui mettra le plus en lumière un des grands enjeux du (ou des) programme(s) de vos enseignements de spécialité.

Spécialité(s) traitée(s)	Formulation de la première question, validée par votre (vos) professeur(s)
....	....
....	....

2 Trouvez une formulation pour votre deuxième question

Deuxième question

Après avoir choisi un deuxième sujet, proposez plusieurs formulations de questions suivant l'angle choisi.

– ....

....

– ....

....

– ....

....

Évitez d'utiliser un vocabulaire trop familier ou imprécis.

Choisissez la question à traiter.

Spécialité(s) traitée(s)	Formulation de la deuxième question, validée par votre (vos) professeur(s)
....	....
....	....

4 Rechercher et exploiter des ressources

Le Grand oral exige une véritable préparation. Le jury pourra peut-être être indulgent sur la qualité de votre « prestation » orale, mais il le sera moins sur la qualité de votre préparation.

Que dit le texte officiel ?

« L'épreuve [du Grand oral] permet au candidat de mettre les savoirs qu'il a acquis, particulièrement dans ses enseignements de spécialité, au service d'une argumentation. »

Quelles ressources rechercher ?

- Vos deux questions sont **personnelles**. Vous ne trouverez pas leurs réponses dans un seul livre, dans un seul manuel ou sur un seul site Internet. **Variez** donc **vos ressources**.
- Vos connaissances initiales ne suffiront pas. Profitez-en pour en **apprendre davantage** afin d'obtenir une excellente note.

1 Les différents types de ressources

- Toute idée, tout argument, tout contre-argument, doit être **illustré par un exemple**, un fait, des chiffres, une citation, une anecdote, un lien avec la vie quotidienne, etc. Ainsi, les ressources utiles pour votre Grand oral peuvent être :

– des connaissances acquises lors de vos enseignements de spécialité ;

– des arguments ou des contre-arguments issus d'encyclopédies, de livres, de périodiques, de sites Internet, de films, de podcasts, etc.

- L'un des objectifs du Grand oral est de montrer votre **capacité à convaincre**. Selon les spécialités et les questions, vous pouvez être confronté(e) à des sujets de débats où plusieurs opinions existent. Vous devez dans ce cas connaître les différentes opinions en **comparant des sources** opposées sur un même sujet.

> Vous trouverez de nombreuses ressources dans le CDI de votre lycée. Allez-y absolument !

> Utilisez dès que possible des ressources liées à l'actualité. Pour cela, créez des alertes sur Internet ou inscrivez-vous aux newsletters des sites que vous jugerez pertinents.

2 L'exploitation des ressources

- Avant d'exploiter une ressource, vérifiez sa **fiabilité** :

– Quel est l'**auteur** de la ressource ?

– Quelle est la **nature** de cette ressource (encyclopédie, blog, revue scientifique, etc.) ?

– Quelle est la **date** de publication de la ressource ?

– Quel est l'**objectif** de l'auteur (donner son opinion, publier un résultat de recherche, etc.) ?

– Est-il possible de retrouver les informations données dans cette ressource dans d'**autres publications** ?

- Organisez vos ressources en gardant uniquement **les informations les plus pertinentes**, les plus **originales** et les plus **« efficaces »** auprès du jury, tout en **conservant les références** de toutes les ressources que vous avez trouvées au cas où vous en auriez finalement besoin.

> Si vous avez un doute sur une ressource, interrogez les professeurs-documentalistes ou vos enseignants.

→ Effectuez le bilan de vos connaissances

Avant de commencer vos recherches, dressez un état des lieux de vos connaissances concernant vos deux questions du Grand oral.

Première question du Grand oral

....

....

....

Connaissances associées à cette première question :

....

....

....

....

....

....

....

....

....

- Reprenez vos cours et les manuels scolaires de vos enseignements de spécialité pour noter vos connaissances de la manière la plus précise possible.
- Rappelez-vous que vous ne devez jamais utiliser des termes que vous ne savez pas définir.

Deuxième question du Grand oral

....

....

....

Connaissances associées à cette deuxième question :

....

....

....

....

....

....

....

....

....

Vous pouvez effectuer le bilan de vos connaissances sous forme de liste, mais aussi de carte mentale, de schéma, de tableau, etc.

→ Recensez les ressources issues d'Internet

Première question

1 Déterminez les mots-clés associés à votre première question

....

....

....

....

....

....

....

Pour chercher une information sur Internet, utilisez d'abord des mots-clés précis, directement en rapport avec votre question, puis élargissez votre recherche avec des mots-clés un peu plus vagues.

2 Listez les sites Internet

Faites la liste des ressources potentiellement intéressantes pour votre question et notez en quelques mots ou en quelques phrases la teneur de ces ressources.

....

....

....

....

....

....

....

....

....

....

....

....

....

....

....

....

....

Utilisez les opérateurs booléens (*et*, *ou*, *sauf* ; *and*, *or*, *not*) pour associer plusieurs mots-clés et affiner vos recherches.

Conservez la trace de vos recherches non pertinentes pour ne pas avoir à y retourner.

Effectuez des recherches sur Internet à partir de mots-clés mais aussi en allant directement sur des sites institutionnels ou sur les sites de référence de vos enseignements de spécialité.

Nathan live!

Exemples de sites institutionnels pour plusieurs spécialités.

Remarque : Un site Internet peut être cité de la manière suivante :
Titre de la page, *in* AUTEUR du site, *Titre* du site [en ligne], date de publication [date de consultation]. Disponible sur [url]

→ Recensez les ressources issues d'ouvrages

Première question

Listez les ouvrages (livres, périodiques, articles scientifiques, etc.) contenant des ressources potentiellement intéressantes pour votre question et notez en quelques mots ou en quelques phrases la teneur de ces ressources.
N'oubliez pas d'indiquer les numéros des pages dans lesquelles vous avez trouvé des informations pertinentes.

- Vous trouverez dans les manuels scolaires de vos enseignements de spécialité de nombreuses références. N'hésitez pas à les consulter.
- Ne vous contentez pas du manuel scolaire que vous utilisez en classe. Exploitez tous les manuels scolaires de vos enseignements de spécialité disponibles au CDI.

Pour vous assurer de la définition d'un terme, n'hésitez pas à utiliser un dictionnaire ou une encyclopédie.

N'oubliez pas d'évaluer la fiabilité de vos ressources. Ce n'est pas parce qu'elles sont publiées dans un ouvrage qu'elles sont forcément justes (voir p. 18).

Remarque : Soyez précis si vous citez une source sur votre support ! Les références bibliographiques, c'est-à-dire les citations des données bibliographiques nécessaires pour identifier un document, peuvent se noter ainsi :
NOM, Prénom de l'auteur, « titre du chapitre », ou « titre de l'article (pour une revue) », *in Titre de l'ouvrage*, éditeur, année de publication, nombre de pages (pour un livre) ou pagination (pour un article ou un chapitre).

→ Recensez les autres ressources

Première question

En plus des recherches sur Internet et dans des ouvrages, vous pouvez utiliser d'autres ressources, comme des podcasts, des émissions de radio, des films de fiction ou des documentaires. Vous pouvez également mettre en place une enquête, un entretien, réaliser une expérience, un projet, trouver des informations lors de la visite d'un musée par exemple ou tout simplement en parler avec une personne qui connaît le sujet. **Listez ces ressources ainsi que les éventuelles ressources issues d'Internet ou d'ouvrages que vous n'avez pas eu la place de noter dans les pages précédentes.**

Nathan live!

Exemples de ressources : visites virtuelles, films documentaires, simulations informatiques, articles de revues scientifiques, sites Internet, connaissances tirées des enseignements de spécialité, etc.

Nathan live!

Pages supplémentaires pour recenser toutes les ressources qui vous intéressent.

→ Organisez vos connaissances et vos ressources

Première question

Il est important organiser vos recherches et les résultats de vos collectes afin de ne pas être englouti par une masse d'informations.

Sélectionnez les connaissances et les ressources les plus pertinentes, les plus originales, les plus « efficaces », que vous souhaitez finalement garder pour le Grand oral.

Conservez précieusement vos sources et références. Vous pourrez les citer avec précision lors du Grand oral.

L'organisation de vos connaissances et de vos ressources peut se faire sous forme de liste, de tableau, de carte mentale, etc.

Vos recherches peuvent faire évoluer l'angle du sujet ou la formulation de la question. Si cela n'arrive pas au dernier moment, cela n'est pas un souci. Il faudra juste refaire valider votre nouvelle question par le(s) professeur(s) concerné(s).

→ Recensez les ressources issues d'Internet

Deuxième question

1 Déterminez les mots-clés associés à votre deuxième question

....

....

....

....

Vous pouvez ajouter des synonymes voire des antonymes (contraires/opposés) de vos mots-clés.

2 Listez les sites Internet

Faites la liste des ressources potentiellement intéressantes pour votre question et notez en quelques mots ou en quelques phrases la teneur de ces ressources.

....

....

....

....

....

....

....

....

....

....

....

....

....

....

....

....

....

....

....

....

....

....

....

....

....

- Variez les moteurs de recherche : vous n'obtiendrez pas nécessairement les mêmes résultats.
- Regardez au-delà de la première page des résultats de vos recherches. Vous y trouverez des sites originaux et peu exploités !

N'oubliez pas d'effectuer une veille documentaire en mettant en place des alertes sur Internet.

→ Recensez les ressources issues d'ouvrages

Deuxième question

Listez les ouvrages (livres, périodiques, articles scientifiques, etc.) contenant des ressources potentiellement intéressantes pour votre question et notez en quelques mots ou en quelques phrases la teneur de ces ressources.
N'oubliez pas d'indiquer les numéros des pages dans lesquelles vous avez trouvé des informations pertinentes.

Pour rechercher des ouvrages intéressants pour votre question, demandez l'aide des professeurs-documentalistes. Ce sont des spécialistes de la recherche documentaire !

Suivant la question choisie, vous pouvez constituer une revue de presse, c'est-à-dire une présentation comparative d'extraits d'articles de journaux sur un même sujet.

Si vous copiez-collez un extrait d'un site ou d'un article sur un traitement de texte, notez précisément la référence et ne la séparez jamais du texte.

→ Recensez les autres ressources

Deuxième question

En plus des recherches sur Internet et dans des ouvrages, vous pouvez utiliser d'autres ressources, comme des podcasts, des émissions de radio, des films de fiction ou des documentaires. Vous pouvez également mettre en place une enquête, un entretien, réaliser une expérience, un projet, trouver des informations lors de la visite d'un musée par exemple ou tout simplement en parler avec une personne qui connaît le sujet.
Listez ces ressources ainsi que les éventuelles ressources issues d'Internet ou d'ouvrages que vous n'avez pas eu la place de noter dans les pages précédentes.

- N'oubliez pas d'évaluer la fiabilité de vos ressources, quelle que soit leur forme (voir p. 18).
- Sur des sujets sensibles, utilisez des sites de vérification, par exemple les « Décodeurs » du *Monde*, les « Observateurs » de *France 24* ou la page « Factuel » de l'Agence France Presse.

Nathan live!

Pages supplémentaires pour recenser toutes les ressources qui vous intéressent.

→ Organisez vos connaissances et vos ressources

Deuxième question

Il est important organiser vos recherches et les résultats de vos collectes afin de ne pas être englouti par une masse d'informations.
Sélectionnez les connaissances et les ressources les plus pertinentes, les plus originales, les plus « efficaces », que vous souhaitez finalement garder pour le Grand oral.

Si la question prête à débat ou à discussion, vérifiez que vous disposez de ressources divergentes et fiables.

N'oubliez pas d'évoquer si possible une actualité récente.

Faites le tri des informations pertinentes, mais ne jetez rien car si l'angle de votre sujet évolue, les informations recueillies pourraient vous être utiles.

5 Préparer les supports

La préparation d'un support pour chacune des deux questions est recommandée, même si ce n'est pas obligatoire.

Que dit le texte officiel ?
« Le jury choisit une [des] deux questions. Le candidat a ensuite 20 minutes de préparation pour mettre en ordre ses idées et créer s'il le souhaite un support (qui ne sera pas évalué) à donner au jury. »

Quel support pour le Grand oral ?
Le support pour le Grand oral est une **feuille A4** sur laquelle vous rédigerez et/ou dessinerez au **recto** ce que vous avez préparé, avec le matériel que vous aurez apporté le jour J.

1 L'intérêt d'un support

- Votre support prouvera la qualité de votre préparation. Même s'il n'est pas « officiellement » évalué, il sera grandement **apprécié** par le jury.
- Un support **clarifiera vos idées** et aidera les membres du jury à mieux **suivre votre exposé** oral.
- S'il vous arrive d'omettre quelque chose durant votre exposé oral, le jury le saura grâce au support : il pourra **vous relancer** sur ce point lors de la phase de questions qui suivra l'exposé.

Votre support doit être préparé aussi sérieusement que votre exposé oral.

Pensez au professeur qui n'enseigne pas la spécialité choisie : le support l'aidera à mieux comprendre le contenu de votre exposé.

2 Le contenu du support

- Indiquez sur le support les **mots-clés** de la question traitée : cela permettra au jury de suivre et de bien comprendre votre exposé oral.
- Le support peut présenter :
– une **vision globale** de la réponse à la question traitée, par exemple sous la forme d'un plan détaillé ou d'une carte mentale ;
– un **élément spécifique** de la réponse à la question posée, qui aidera le jury à mieux comprendre cette partie de l'exposé oral.
- **Toutes les formes sont possibles** sur un support : plan rédigé, carte mentale, tableaux, schémas, etc. Sachez qu'une carte, un croquis, un schéma d'expérience, une frise chronologique, une courbe ou un graphique permettent souvent d'éviter des descriptions fastidieuses.
- Le support vous permet de **citer vos sources**.
- Le support doit être **bien présenté** (propre, clair), sans faute d'orthographe (tout particulièrement sur le vocabulaire de la spécialité).

Testez votre support auprès de vos enseignants ou de vos camarades et vérifiez qu'il est clair, lisible, documenté et compréhensible par tous.

Nathan live!
Exemples de supports dans plusieurs spécialités.

→ Listez les éléments à noter sur vos supports

Indiquez les mots-clés, les expériences, les sources, les dates, etc. que vous souhaitez noter sur les supports de vos deux questions.

Première question du Grand oral

Mots-clés, expériences, sources, dates, etc. à noter sur le support	Forme prévue sur le support (texte, schéma, croquis, frise, courbe, etc.)
–	....
....	....
–	....
....	....
–	....
....	....
–	....
....	....
–	....
....	....

La réflexion sur le contenu du support doit être associée à celle sur le contenu de l'exposé oral (voir p. 32) car le support ne peut pas être déconnecté de l'exposé.

N'utilisez que des termes dont vous êtes certain(e) du sens.

Deuxième question du Grand oral

Mots-clés, expériences, sources, dates, etc. à noter sur le support	Forme prévue sur le support (texte, schéma, croquis, frise, courbe, etc.)
–	....
....	....
–	....
....	....
–	....
....	....
–	....
....	....
–	....
....	....

Le support doit contenir tous les éléments qui ne peuvent pas être expliqués de façon simple et rapide à l'oral.

Afin d'attiser la curiosité du jury et d'orienter ses questions dans ce sens, une notion non développée dans l'exposé, comme un argument supplémentaire par exemple, peut être présentée sur le support.

→ Rédigez votre support

Première question

N'oubliez pas d'écrire l'intitulé de votre question sur le support.

Soyez concis pour exploiter au mieux votre support et y insérer des informations variées.

Les éventuels schémas doivent être numérotés, légendés et titrés sur le support pour pouvoir y faire référence lors de l'exposé oral : « *Je vous propose de regarder le graphique numéro 2* ».

→ Rédigez votre support

Deuxième question

Lors de l'exposé oral, vous pouvez vous appuyer sur un terme défini sur le support : « *… terme que j'ai défini sur le support* ».

Le jour du Grand oral, vous devez savoir reproduire de mémoire votre support en 15 min maximum. Le temps de préparation durant uniquement 20 min, il est en effet indispensable de vous laisser aussi du temps pour « répéter » votre exposé avant sa présentation et pour vous détendre.

Assurez-vous d'apporter le jour du Grand oral le matériel nécessaire pour reconstituer exactement le support que vous avez préparé à l'avance : stylos de couleur, fluos, crayons, règle, compas, etc.

6 Préparer le contenu des exposés oraux

L'exposé oral de vos deux questions ne peut pas être improvisé : il doit être préparé très sérieusement.

Que dit le texte officiel ?

« Pendant 5 minutes, le candidat présente la question choisie et y répond. Le jury évalue son argumentation et ses qualités de présentation. L'exposé se déroule [debout] sans note. Le jury va porter son attention sur la solidité des connaissances, la capacité à argumenter et à relier les savoirs [...] et la manière d'exprimer une réflexion personnelle, ainsi qu'aux motivations du candidat. »

Qui va vous évaluer ?

Le jury est constitué de **deux professeurs** dont l'un ne sera pas un professeur de la spécialité que vous allez traiter. **Évitez** donc d'utiliser des **termes trop compliqués** ou expliquez-les. Montrez également que vous avez bien préparé votre exposé, mais sans submerger le jury de données, de dates ou de chiffres.

1 Organisation de l'exposé

- Commencez votre exposé par une **introduction** expliquant **l'intérêt de la question traitée** et pourquoi cette question vous a intéressé(e) **personnellement**. Indiquez également la manière dont la réponse va être présentée.
- Organisez le plan de votre exposé à partir des **arguments** et d'**exemples** permettant de répondre à la question traitée. Il faudra insister sur ces mots-clés à l'oral : ils doivent être l'ossature de chacune des parties de votre exposé.
- L'un des objectifs du Grand oral est de montrer votre **capacité à argumenter et à relier les savoirs**. Soignez l'enchaînement de vos idées en utilisant des **connecteurs logiques** : « *parce que* », « *en effet* », « *à l'inverse* », « *en revanche* »...
- Lors de votre **conclusion**, vous pouvez reprendre les termes de la question pour **synthétiser la réponse** que vous avez apportée et indiquer ce que les recherches effectuées vous ont apporté. Vous pouvez également suggérer des idées, des **pistes** ou proposer une ouverture.

> L'introduction est la première impression que vous allez faire au jury : vous devez la soigner tout particulièrement.

> Suivez l'actualité, faites-y référence. Le jury appréciera toujours les liens que vous ferez avec l'actualité.

> Donnez envie au jury de vous poser des questions que vous avez préparées en amont en lui tendant des « perches » lors de l'exposé.

2 Prise en compte de la dimension orale de l'exposé

- L'exposé oral n'est pas une dissertation : **aucun plan n'est imposé**. En revanche, essayez d'**éveiller l'attention du jury** dès l'introduction. Pour cela, suscitez la curiosité, donnez un exemple, un fait, une actualité, une image, une citation, un lien personnel avec le sujet, etc.
- Faites **référence à votre support** et pensez à faire des **pauses** après chaque point fort de votre exposé.
- Avant de commencer votre conclusion, faites une pause pour **attirer l'attention** des membres du jury et signalez-leur que vous avez quasiment terminé : « *Pour terminer...* », « *Pour conclure...* », « *Enfin...* », « *En conclusion...* ».

> Quand vous aurez rédigé votre exposé, notez les endroits où vous ferez des pauses.

→ Analysez un exposé oral

1 Écoutez

Écoutez le podcast d'un exposé oral répondant à une question dans le cadre d'une de vos spécialités.

live!

Podcasts d'exposés oraux du Grand oral, accompagnés de leurs supports, dans différentes spécialités.

2 Relevez

– l'intitulé de la question traitée : ...

– les arguments et les exemples énoncés : ...

– les ressources utilisées, les expériences ou les enquêtes réalisées : ...

– les informations personnelles exprimées : ...

– les connecteurs logiques utilisés : ...

– les références au support : ...

– les « perches » éventuelles tendues au jury : ...

– les liens éventuels avec un projet d'orientation : ...

– les liens éventuels avec l'actualité : ...

– à quels moments ont lieu de courtes pauses lors de l'exposé : ...

Pour étudier plus en détail la prestation orale, appuyez-vous sur la grille d'évaluation proposée à la fin du cahier.

– le type de plan développé lors de l'exposé (thèse/antithèse/synthèse, plan chronologique, plan proposant constats et solutions, ou la situation France et ailleurs, etc.) : ...

→ Préparez un plan et votre introduction

Première question

1 Construisez un plan

Établissez le type de plan qui vous semble le plus approprié pour répondre à votre première question.

....

....

....

Exemples de plans

Thèse/antithèse/synthèse, plan chronologique, constats/solutions, en France/ailleurs, avantages/inconvénients, problèmes/causes/conséquences/solutions, etc

Résumez dans le tableau ci-dessous les arguments et les exemples à développer dans chaque partie de votre plan.

	Principaux arguments et exemples
1re partie :	....
2e partie :	....
3e partie (facultative) :	....
4e partie (facultative) :	....

2 Préparez l'introduction

Rédigez votre introduction ou listez au minimum ce que vous prévoyez d'annoncer en introduction.

....

....

....

....

....

....

....

Engagez-vous, dites « *je* » et adressez-vous directement au jury : « *C'est la raison pour laquelle je me suis intéressé(e) à* », « *Saviez-vous que… ?* », etc.

N'oubliez pas de faire le lien entre la question traitée et votre (ou vos) spécialité(s).

→ Préparez votre argumentation

Première question

À partir du plan établi à la page précédente, rédigez les grandes idées des différentes parties de votre argumentation.

Vous devez prévoir des parties, voire des sous-parties, qui s'enchaînent logiquement et que vous énoncerez clairement (entourées de courtes pauses à l'oral).

Suivant votre débit et les pauses prévues, vous prononcez entre 100 et 150 mots par minute. Tenez-en compte lors de la rédaction de votre argumentation car l'exposé oral ne dure que 5 minutes.

N'oubliez pas de donner des exemples pour illustrer votre argumentation et de faire des renvois vers votre support.

Ne rédigez pas forcément toute votre argumentation car vous pourriez manquer de naturel à l'oral si vous récitiez votre exposé par cœur. Un plan très détaillé peut suffire.

→ Préparez votre conclusion et testez votre exposé oral

Première question

1 Préparez la conclusion

Rédigez votre conclusion ou listez au minimum ce que vous prévoyez de dire en conclusion.

La conclusion peut être l'occasion de tendre une « perche » au jury en évoquant une nouvelle hypothèse ou piste, ou encore votre projet d'orientation.

Vous pouvez apprendre par cœur le début de votre introduction et la fin de votre conclusion. Cela permettra de bien démarrer et terminer votre exposé.

2 Testez votre exposé oral

– Surlignez ci-dessus et dans les pages précédentes les connecteurs logiques ainsi que les points forts de votre exposé sur lesquels vous allez insister à l'oral (voire par des gestes, sans trop exagérer, voir p. 52-55).

Enregistrez-vous

Vérifiez la durée de l'exposé en vous enregistrant avec votre téléphone ou votre ordinateur.

– Présentez votre exposé oral.

– Afin de respecter la durée de 5 minutes pour l'exposé, indiquez ce qu'il faut ajouter ou ce qu'il faut supprimer dans votre introduction, dans votre argumentation ou dans votre conclusion.

N'oubliez pas de faire des pauses durant votre exposé : elles permettent de reprendre votre respiration, de marquer le début ou la fin d'une partie et d'attirer l'attention sur ce que vous allez dire ensuite.

→ Préparez un plan et votre introduction

Deuxième question

1 Construisez un plan

Établissez le type de plan qui vous semble le plus approprié pour répondre à votre première question.

....

....

....

Suivant les spécialités, les argumentations peuvent être très diverses : elles peuvent s'appuyer sur une recherche documentaire, sur une démarche expérimentale, sur une enquête, etc.

Résumez dans le tableau ci-dessous les arguments et les exemples à développer dans chaque partie de votre plan.

	Principaux arguments et exemples
1re partie :	....
2e partie :	....
3e partie (facultative) :	....
4e partie (facultative) :	....

2 Préparez l'introduction

Rédigez votre introduction ou listez au minimum ce que vous prévoyez d'annoncer en introduction.

....

....

....

....

....

....

....

N'oubliez pas de rappeler l'intitulé de la question traitée dans l'introduction.

L'introduction doit durer moins d'une minute : vous n'aurez pas forcément le temps d'annoncer votre plan en détail.

→ Préparez votre argumentation

Deuxième question

À partir du plan établi à la page précédente, rédigez les grandes idées des différentes parties de votre argumentation.

Prenez le temps de bien expliquer votre démarche car vous serez évalué(e) sur votre capacité à argumenter et à relier des savoirs.

Soignez l'enchaînement de vos idées en indiquant les connecteurs logiques que vous emploierez pour passer d'une partie à une autre.

N'oubliez pas que vous devrez présenter votre argumentation à l'oral : n'écrivez pas de phrases trop longues qui seraient difficiles à énoncer à haute voix. Rappelez-vous également que vous devrez présenter votre exposé sans note !

→ Préparez votre conclusion et testez votre exposé oral

Deuxième question

1 Préparez la conclusion

Rédigez votre conclusion ou listez au minimum ce que vous prévoyez de dire en conclusion.

N'hésitez pas à relier la réponse à votre question à des expériences personnelles.

La conclusion est le point final de votre exposé : cela doit être un temps fort qui vous permet de terminer en beauté !

2 Testez votre exposé oral

– Surlignez ci-dessus et dans les pages précédentes les connecteurs logiques ainsi que les points forts de votre exposé sur lesquels vous allez insister à l'oral.

Enregistrez-vous

Vérifiez la durée de l'exposé en vous enregistrant avec votre téléphone ou votre ordinateur.

– Présentez votre exposé oral.

– Afin de respecter la durée de 5 minutes pour l'exposé, indiquez ce qu'il faut ajouter ou ce qu'il faut supprimer dans votre introduction, dans votre argumentation ou dans votre conclusion.

Trop court ? Développez vos arguments, recherchez de nouveaux exemples ou recherchez de nouvelles idées. Trop long ? Supprimez le superflu.

7 Anticiper la discussion avec le jury sur l'exposé oral

S'il semble assez évident de ne pas improviser l'exposé et son support, la discussion avec le jury doit elle aussi être préparée à l'avance.

Que dit le texte officiel ?

« Pendant 10 minutes, le jury échange avec le candidat et évalue la solidité de ses connaissances et ses compétences argumentatives. Ce temps d'échange permet à l'élève de mettre en valeur ses connaissances, liées au programme des spécialités. »

Assis(e) ou debout ?

L'**exposé** s'effectue obligatoirement **debout**. À la fin de celui-ci, **lors de la discussion** avec le jury, vous pouvez décider de **vous asseoir** si vous le souhaitez. N'hésitez pas à le faire, vous serez sûrement **plus concentré(e)** sur la discussion assis(e) que debout et ce sera **moins fatigant**.

1 Les questions du jury entraînées par l'exposé oral

- Vous pouvez anticiper les questions du jury et même **pousser le jury à vous poser des questions** en lui tendant des « perches » dont vous aurez préparé les réponses. Par exemple, si vous ne définissez pas un terme lors de votre exposé, le jury vous demandera sûrement sa définition. Vous pouvez aussi être très direct(e) : « *Je pourrai développer ce point pendant la discussion si vous le souhaitez* », mais n'abusez pas de ce procédé.
- Les questions possibles du jury sont nombreuses autour de votre exposé. Il peut vous demander par exemple :
  – d'en dire plus sur votre **motivation à traiter cette question** ;
  – de compléter, de **développer un point de votre exposé** ;
  – de préciser ou **citer une ressource** ;
  – d'expliciter comment vous avez **mené vos recherches**.
- Vous pouvez être amené(e) par le jury **à préciser ou à clarifier un point** ou à le développer.

Nathan live! Exemples de questions posées à la suite de l'exposé oral que vous avez analysé à la page 33.

Même si le jury peut vous interroger en principe sur tout le programme de vos deux spécialités, révisez tout particulièrement la partie du programme qui concerne la question traitée.

2 Les questions du jury relatives au programme

- La discussion avec le jury durant le Grand oral peut porter sur **n'importe quelle partie du programme de vos deux spécialités**.
- Dans vos deux spécialités, il existe des parties de programme qui seront évaluées uniquement lors du Grand oral ; vous les étudierez en classe après les écrits du baccalauréat, **prenez-les au sérieux** !
- Le jury peut vous demander quelle partie du programme vous a **le moins ou le plus intéressé(e)**. Répondez avec franchise, il n'y a pas de bonne ou de mauvaise réponse.

Nathan live! Exemples de questions de jurys portant sur différentes spécialités.

→ Mettez-vous à la place du jury

Pour vous aider à mieux anticiper les questions qui pourraient être posées lors de la discussion, demandez à un camarade de présenter un exposé oral et jouez le rôle du jury en l'interrogeant à la fin de son exposé.

1 Posez des questions

Notez les questions que vous avez posées concernant :

– l'exposé oral : ....

> Demandez à votre camarade de vous expliquer un élément que vous n'avez pas compris lors de son exposé, de vous donner d'autres exemples, de développer un nouvel argument, de citer ses sources, etc.

– le programme de(s) spécialité(s) : ....

> Interrogez notamment votre camarade sur le lien entre sa question et le programme de la (des) spécialité(s).

2 Évaluez la discussion

Indiquez les points positifs et les points à améliorer dans la prestation de votre camarade.

> Appuyez-vous sur la grille d'évaluation proposée à la fin du cahier.

Points positifs	Points à améliorer

→ Préparez vos réponses aux questions possibles du jury

Première question

1 Expliquez le choix de votre première question

Développez votre intérêt pour la question et les raisons pour lesquelles vous l'avez choisie.

....

....

....

N'hésitez pas à vous engager en donnant des raisons personnelles.

2 Connaissez les définitions

Recensez les termes techniques ou complexes que vous utilisez sans les définir lors de votre exposé ou sur votre support et donnez leur définition.

....

....

....

....

....

Lors de l'exposé (ou sur votre support), vous n'aurez pas forcément le temps (ou l'espace) de tout expliquer en détail.

3 Préparez vos arguments

Indiquez des exemples, des faits, des arguments ou des contre-arguments que vous connaissez mais que vous n'évoquez ni lors de l'exposé, ni sur le support.

....

....

....

....

Intéressez-vous à l'actualité de votre question afin de répondre aux questions éventuelles du jury à ce sujet.

4 Préparez des réponses portant sur le programme

Indiquez les principaux éléments du programme, en lien avec votre question, à réviser absolument.

....

....

....

5 Recensez d'autres questions possibles

Notez les questions qui reviennent le plus souvent lors de vos entraînements en classe ou avec vos camarades (voir p. 41).

....

....

....

Toutes les questions ne peuvent pas être prévues d'avance, mais rappelez-vous que le jury ne cherche pas à vous « piéger ». Donc pas de panique si vous ne connaissez pas la réponse à une question !

→ Préparez vos réponses aux questions possibles du jury

Deuxième question

1 Expliquez le choix de votre deuxième question

Développez votre intérêt pour la question et les raisons pour lesquelles vous l'avez choisie.

....

....

....

N'hésitez pas à développer vos réponses, c'est vous qui êtes au centre de la discussion.

2 Connaissez les définitions

Recensez les termes techniques ou complexes que vous utilisez sans les définir lors de votre exposé ou sur votre support et donnez leur définition.

....

....

....

....

3 Préparez vos arguments

Indiquez des exemples, des faits, des arguments ou des contre-arguments que vous connaissez mais que vous n'évoquez ni lors de l'exposé, ni sur le support.

....

....

....

Si vous avez donné votre opinion sur un sujet sans détailler les opinions opposées, tendez une « perche » : « *Bien entendu, il existe des arguments inverses* ».

4 Préparez des réponses portant sur le programme

Indiquez les principaux éléments du programme, en lien avec votre question, à réviser absolument.

....

....

....

5 Recensez d'autres questions possibles

Notez les questions qui reviennent le plus souvent lors de vos entraînements en classe ou avec vos camarades (voir p. 41).

....

....

....

Si vous n'avez pas compris une question posée par le jury, dites-le et demandez des précisions qui pourront vous aider à répondre.

8 Anticiper l'échange avec le jury sur le projet d'orientation

L'échange sur le projet d'orientation n'est pas une interrogation orale, c'est une discussion, un dialogue avec le jury.

Que dit le texte officiel ?

« Les 5 dernières minutes d'échanges avec le jury portent sur le projet d'orientation du candidat. Le candidat montre [si possible] que la question traitée a participé à la maturation de son projet de poursuite d'études, et même pour son projet professionnel. »

De quoi parler pendant ces 5 dernières minutes ?

Vous allez parler **de vous** : c'est un sujet que vous connaissez parfaitement bien ! Vous vous adresserez à des **jurés bienveillants** qui ne demandent qu'à mieux vous connaître et qui **ne jugeront pas** vos choix d'orientation.

1 Le projet d'orientation

- Quand vous passerez le Grand oral en juin ou en juillet, **votre projet d'orientation sera bien défini** et vous aurez déjà reçu une grande partie de vos réponses sur Parcoursup. Vous saurez si vous êtes sur liste d'attente, admis(e) ou non dans les différentes formations qui vous intéressent.
- Vous devez **connaître les principales formations que vous allez évoquer** : intitulé exact, conditions d'inscription, contenu de la formation, durée, organisation de l'enseignement et débouchés.
- **Sachez expliquer vos démarches :** « *J'ai participé à des journées portes ouvertes...* », « *J'ai rencontré un(e) professionnel(le)...* », etc.
- **Entraînez-vous à évoquer vos activités scolaires ou extra-scolaires** pour mettre en avant vos **qualités** en phase avec vos choix d'orientation : être **délégué(e) de classe ou éco-délégué(e)** implique de la responsabilité, pratiquer un **sport collectif** montre un esprit d'équipe, jouer d'un **instrument de musique** une volonté de s'améliorer, etc.

Nathan live! Sites Internet sur l'orientation (Parcoursup, ONISEP, etc.).

2 Le lien entre la question du Grand oral et le projet d'orientation

- **Vous devez connaître les attendus des formations que vous prévoyez d'évoquer** lors de l'échange avec le jury et **faire le lien** avec la question du Grand oral et vos choix de spécialités.
- Expliquez comment vous avez choisi la question traitée lors du Grand oral, ainsi que son intérêt :

– si votre projet d'orientation est lié à la question traitée lors du Grand oral, expliquez en quoi **la (les) spécialité(s) choisie(s) vous seront utiles dans vos études supérieures** ;

– si votre question a peu de lien avec votre projet d'orientation, indiquez **ce que vous a malgré tout apporté le Grand oral pour vos études supérieures,** par exemple **le développement de vos compétences oratoires.**

Donnez au jury le maximum d'informations sur votre projet d'orientation, ainsi que sur vos choix de spécialités en Terminale.

Nathan live! Exemples d'échanges avec des jurys concernant le projet d'orientation.

→ Préparez vos réponses aux questions probables du jury

Le jury pourrait vous poser les questions suivantes.
Soyez prêt(e) à y répondre.

Retrouvez p. 63 d'autres questions possibles du jury sur votre projet d'orientation.

– Quelle a été votre motivation pour choisir de traiter cette question ? Est-ce lié à votre projet d'orientation ?

Première question

....

....

....

....

....

....

....

....

N'hésitez pas à reprendre ce que vous avez déjà écrit dans les pages 10 à 15 de ce cahier. Servez-vous également des « Projets de formation motivés » que vous avez rédigés pour Parcoursup.

Deuxième question

....

....

....

....

....

....

....

....

Vous pouvez évoquer un voyage une rencontre, un article qui vous ont marqué(e), un produit ou une marque qui vous intéressent.

– Quelles sont vos qualités qui vous font penser que votre projet d'orientation ou le métier auquel vous aspirez vous conviendra ?

....

....

....

....

....

....

....

Il est tout à fait normal que votre projet professionnel ne soit pas encore bien défini.
Par exemple, vous pouvez vouloir travailler dans le domaine de la santé, sans savoir ce que sera votre métier.

9 Dédramatiser la prise de parole

Le Grand oral n'est pas un concours d'éloquence, on n'attend pas de vous une « prestation » exceptionnelle ! De plus, vos entraînements et votre préparation du contenu du Grand oral vous permettront d'être « au top » le jour J !

Que dit le texte officiel ?
Le Grand oral va évaluer « *la capacité à argumenter et à relier les savoirs, l'expression et la clarté du propos, l'engagement dans la parole, la force de conviction* ».

Dédramatisez

- Lors du Grand oral, le stress disparaîtra très vite car vous **maîtriserez votre contenu** et vous vous serez **entraîné(e)**.
- Le **trac est normal** et souhaitable : il vous permet de vous concentrer et de bien démarrer votre exposé.
- Ne surestimez pas l'importance du « non verbal » ou des gestes parasites. **Concentrez-vous sur le contenu** et le jury.

Pas d'inquiétude !

- Votre préparation du contenu du Grand oral sur des **sujets que vous avez choisis** (exposé, support, discussion, échange sur l'orientation) vous mettra en confiance.
- Vous ne risquez aucune mauvaise surprise car vous pouvez **anticiper** une grande part du Grand oral.
- Votre « public » est **bienveillant** : ce sont des **enseignants** comme les vôtres.
- Vous ne vous adressez qu'à **deux personnes**, qui sont à **votre écoute**, c'est leur mission.

À vous de jouer !

Prendre la parole en public, sans support, pendant au moins une minute, vous est déjà arrivé et vous arrive peut-être même fréquemment.
Listez ci-dessous vos occasions de prise de parole régulières ou occasionnelles.

Au lycée :

....

....

Avec vos camarades :

....

....

Pendant vos activités associatives, sportives, artistiques, vos « petits boulots » (garde d'enfants, cours particuliers) :

....

....

En famille :

....

....

....

Autres :

....

....

→ Exercez-vous à parler en public

Pour vous exercer, fixez-vous toujours une contrainte de 1 à 3 minutes, en vous obligeant à la respecter.

1 Prenez la parole

Choisissez un des thèmes ci-dessous et prenez la parole sans note, debout ou assis(e), devant un ou plusieurs camarades.

Parler de moi

Mon meilleur souvenir, c'est… Ce que j'aime faire pendant le week-end, c'est… Mon équipe préférée est… Ma personnalité préférée… L'événement auquel j'aurais voulu assister… Après la dernière épreuve du bac, je… Le jour où j'ai mon bac, je…

Parler de ce que j'aime

Je vous recommande ce livre, ce film, cette série, cette recette, ce pays, cet endroit…

Parler de ce qui m'intéresse

Ce qui m'intéresse en ce moment, c'est…
J'ai lu un article/vu une vidéo qui… Quelle équipe !… Quel(le) artiste !…

2 Effectuez régulièrement votre « auto-diagnostic » après vos prises de parole

Selon vous, pendant votre prise de parole, vous avez :

– le trac		oui ○	non ○
– parlé de manière continue sans vous interrompre		oui ○	non ○
– parlé de manière		fluide ○	saccadée ○
– parlé avec un débit	plutôt lent ○	plutôt rapide ○	équilibré ○
– repris votre respiration		oui ○	non ○
– tourné votre regard vers vos interlocuteurs		oui ○	non ○
– souri		oui ○	non ○
– bougé vos jambes		oui ○	non ○
– utilisé vos mains		oui ○	non ○
– ressenti du stress au début de votre prise de parole		oui ○	non ○
– ressenti du stress au milieu et/ou à la fin de votre prise de parole		oui ○	non ○

Qu'est-ce qui vous a paru positif ou facile ? ....

....

Qu'est-ce qui vous a paru négatif ou difficile ? ....

....

Quels sont vos points d'amélioration, selon vous ? ....

....

Nathan live! Grilles d'analyse supplémentaires sur Nathan Live.

10 Transformer sa diction en atout

Vous savez parler depuis votre plus jeune âge et, généralement, vos interlocuteurs vous comprennent : pas d'inquiétude ! Le jour du Grand oral, vous allez utiliser votre voix pour vous adresser au jury. Les différentes composantes de votre manière de parler (votre diction) sont : le volume, le débit, les pauses, l'intonation et l'articulation.

Ce que le jury attend

Le jury du Grand oral attend de vous une performance préparée mais naturelle. Vous ne jouez pas une pièce de théâtre, n'en faites pas trop.

Améliorez votre diction

- Même si vous n'allez pas complètement transformer votre diction le jour du Grand oral (ce ne serait ni utile, ni possible), vous pouvez **l'améliorer en y prêtant attention** pendant votre exposé et les discussions avec le jury.
- **Entraînez-vous** durant l'année et exploitez toutes les fois où vous prendrez la parole.

Les exercices proposés sont « ciblés » sur une composante de la diction, mais vous pouvez vous exercer en veillant aux autres composantes, car la diction est la somme de chaque composante.

Vous trouverez une grille d'évaluation en toute fin de ce cahier, à l'intérieur de la couverture.

1 Le volume de votre voix

- De manière naturelle, et en vous entraînant, vous allez trouver le **bon équilibre pour être audible, sans parler trop fort**, à un peu plus de 2 mètres de vos deux interlocuteurs, comme le jour du Grand oral.
- Faites attention au volume de votre voix durant l'exposé mais aussi durant les discussions avec le jury, tout particulièrement **au début et à la fin de vos phrases**.

Pour vos entraînements et exercices, vous pouvez vous enregistrer avec votre téléphone ou votre ordinateur. Conservez vos enregistrements afin de pouvoir constater vos progrès.

Enregistrez-vous

- **Racontez** en une minute, ce que vous feriez si vous gagniez 100 millions d'euros au Loto®, si vous étiez ministre de l'Éducation nationale ou élu(e) président(e) de la République ; ou reprenez les thèmes de la page 47. Adaptez (sans crier) votre volume à une audience qui se trouverait :
  – à deux mètres, à 10 mètres ;
  – tout près de vous mais… vous seriez gêné(e) par le bruit de voitures qui passent.
- **Choisissez** un extrait de pièce de théâtre ou un poème d'une dizaine de lignes. Avec un traitement de texte, grossissez une ligne sur deux (corps 20), réduisez les autres (corps 9) et lisez à très haute voix (sans crier) les « corps 20 » et à voix basse mais intelligible les « corps 9 ». Puis faites l'inverse.

Nathan live!

Exemples de textes à modifier selon les consignes.

2 Le débit : vitesse et rythme de votre voix

De manière générale, vous avez le sentiment de parler :

plutôt vite ◯ plutôt lentement ◯ avec un débit équilibré ◯

- Faites particulièrement attention au débit **durant vos exposés.**
- Variez votre débit en **fonction de vos propos** (par exemple, un peu plus vite quand vous racontez une anecdote et moins vite quand vous expliquez une notion technique).
- Si vous avez l'habitude de parler vite, **évitez les phrases trop longues.**

Un débit maîtrisé, c'est aussi une respiration maîtrisée, posée au bon moment, et de l'entraînement.

Enregistrez-vous

Nathan live! Exemples de textes

- **Utilisez** les thèmes de la page précédente « Le volume de votre voix », des textes de votre choix ou des textes à télécharger sur Nathan Live.

Lisez avec un débit rapide les « corps 20 » et lentement les « corps 9 ». Puis faites l'inverse.

- **Choisissez** un poème ou un monologue de théâtre de 12 vers environ :

– lisez-le en alternant votre débit, les vers impairs rapidement et les vers pairs lentement. Puis faites l'inverse ;

– lisez-le très lentement au début puis de plus en plus vite, régulièrement, jusqu'à la fin du texte.

- Quand ils seront suffisamment avancés, **enregistrez** vos exposés en les énonçant trop vite ou trop lentement. Quel effet cela vous fait-il ?

....

....

3 Votre prise de parole, ce sont aussi des pauses

- Les pauses peuvent représenter jusqu'à une minute de votre exposé, vous devez prévoir **où les placer** durant votre préparation et vous y entraîner.
- Les pauses vous permettent de marquer le début ou la fin d'une sous-partie et d'**attirer l'attention sur la suite.**

La durée des pauses peut être variable, plus longue ou plus courte selon leur importance.

Enregistrez-vous

Nathan live! Exemples de textes

Choisissez des poèmes ou pièces de théâtre parmi ceux que vous aimez, parmi les textes précédents ou sur Nathan Live (jusqu'à 20 vers).

- **Lisez** sans faire de pause entre les deux premiers vers, puis avec une pause marquée d'une seconde entre les deux suivants, puis de deux secondes, puis trois secondes. Recommencez de la même manière jusqu'à la fin du texte.

Vous pouvez aussi décider de lire plus ou moins fort et plus ou moins vite !

- **Entraînez-vous** à faire des pauses, par exemple à partir d'un texte de votre choix ou de vos exposés, en marquant une pause d'une seconde à chaque virgule, de deux secondes à chaque point et trois secondes à chaque *?* ou *!*. Vous pouvez ensuite inverser le temps passé sur chaque ponctuation.

4 Une intonation tonique et adaptée

C'est le ton que vous prendrez pour vous adresser au jury.

- Votre **intonation tonique** montrera votre **engagement** dès le début du Grand oral.
- Entraînez-vous à bien adapter votre intonation en fonction de ce que vous dites et à la varier pour **éviter la monotonie**.
- Prévoyez durant votre exposé d'appuyer de la voix certains mots ou certaines phrases pour leur **donner de l'importance**.

L'intonation correspond à l'ensemble des inflexions que prend votre voix et varie selon ce que vous dites.

Enregistrez-vous

Choisissez un texte de quelques lignes ou utilisez un des textes ci-dessous.

J'ai voulu te paraître odieuse, inhumaine,
Pour mieux te résister, j'ai recherché ta haine.
De quoi m'ont profité mes inutiles soins ?
Tu me haïssais plus, je ne t'aimais pas moins.
Tes malheurs te prêtaient encor de nouveaux charmes.
J'ai langui, j'ai séché, dans les feux, dans les larmes
Il suffit de tes yeux pour t'en persuader,
Si tes yeux un moment pouvaient me regarder.

Jean Racine, *Phèdre*, 1677.

De guerre lasse, le juge avait suspendu ces interrogatoires fastidieux. Après avoir eu connaissance des deux billets interceptés, il les reprit. Et, régulièrement, à midi, Arsène Lupin fut amené de la Santé au Dépôt, dans une voiture pénitentiaire, avec un certain nombre de détenus. Ils en repartaient vers trois ou quatre heures.
Or, un après-midi, ce retour s'effectua dans des conditions particulières. Les autres détenus de la Santé n'ayant pas encore été questionnés, on décida de reconduire d'abord Arsène Lupin. Il monta donc seul dans la voiture.

Maurice Leblanc, *Le Triangle d'or*, 1918.

- **Lisez** le texte à haute voix avec enthousiasme, avec tristesse, avec rage, d'un air hésitant, engagé, désinvolte… ou comme un(e) candidat(e) en campagne électorale, un(e) commentateur(trice) de sport, un(e) cuisinier(ère) partageant une recette.
- **Lisez** le texte à haute voix comme un(e) médecin rassurant(e), comme si vous indiquiez son chemin à quelqu'un, comme un(e) présentateur(trice) d'émission télé, comme un(e) guide touristique, comme si vous parliez à un enfant ou une personne très âgée malentendante.
- **Surlignez** un mot par phrase et appliquez-vous à appuyer (y compris avec les mains) quand vous le prononcez.
- **Inventez** des phrases avec uniquement des noms de fruits, légumes, métiers, pays, personnalités, voire des mots et sons inconnus. Prononcez-les de manière impliquée et variez votre intonation (que vous pouvez accompagner de gestes appropriés).
- **Analysez** vos enregistrements. Essayez de vous améliorer, de rester toujours audible et de bien articuler.

Nathan live! Exemples de textes.

5 Soignez votre articulation

- Habituez-vous à **bien prononcer tous les mots**. Vous pouvez éventuellement les découper de manière **artificielle si nécessaire**.
- **Gardez la même qualité** de prononciation **pour tous vos mots**, du début à la fin de vos phrases.
- Tout particulièrement, insistez bien sur la prononciation des **voyelles** qui sont les « petites voix » qui « sonnent avec les consonnes », comme disait Molière.

- Pensez aux « e » muets.
- Faites attention aux liaisons.

Enregistrez-vous

- **Entraînez-vous**, de manière exagérée, à bien appuyer et prononcer les voyelles dans des phrases choisies au hasard, de manière à ce qu'elles soient bien audibles.
- Voici une vieille comptine : « *Buvons un coup ma serpette est perdue, mais le manche, mais le manche, buvons un coup ma serpette est perdue mais le manche est revenu* ».

Quand vous saurez la répéter sans erreur, **répétez-la** en changeant les voyelles (conservez la liaison « z » entre les deux premiers mots) : « *Bovo zo co mo sorpotto o pordo, mo lo mocho, mo lo mocho, bovo zo co mo sorpotto o pordo mo lo mocho o rovono* ». Puis, plus difficile, avec les sons « in » ou « ouin »...
Ce sera plus facile si vous chantez la comptine !

Cherchez l'air de la comptine sur Internet.

Enregistrez-vous

Les virelangues

- **Lisez** les virelangues ci-dessous d'abord à voix haute, convenablement, sans vous tromper, puis répétez-les jusqu'à les connaître par cœur.
- Enfin **accélérez** le rythme tout en les prononçant sans erreur et avec une prononciation parfaitement nette.

– *Didon dîna dit-on d'un os du dos d'un dodu dindon.*

– *Petit pot de beurre, quand te dépetitpodebeurreriseras-tu ?*
Je me dépetitpotdebeurreriserai quand tous les petits pots de beurre se dépetitpotdebeurreriseront.

– *Si ces 500 sangsues sont sur son sein sans sucer son sang, ces 500 sangsues sont sans succès.*

Nathan live! Autres exemples de virelangues.

Enregistrez-vous

Voici un exercice classique qui va tout compliquer.
Avec un crayon dans la bouche, entraînez-vous à prononcer les phrases des exercices précédents. Impossible de négliger son articulation !

11 Parler avec son corps

De même que vous savez déjà parler, vous savez déjà vous exprimer naturellement avec votre corps, votre sourire, votre regard et l'usage de vos mains. Votre attitude générale et l'expression de votre visage feront, dès le début du Grand oral, « une certaine impression » sur le jury. À vous de veiller à ce que cette impression soit positive et durable.

Que dit le texte officiel ?

« Le candidat effectue sa présentation du premier temps debout, sauf aménagements pour les candidats à besoins spécifiques. Pour les deuxième et troisième temps de l'épreuve, le candidat est assis ou debout selon son choix ».

Le contenu compte plus que le non verbal

Vous lirez peut-être que la communication non verbale représente plus de 90 % de la communication. Cela semble excessif et peu adapté au Grand oral durant lequel des enseignants **jugeront avant tout de votre travail et votre préparation.**

Commencez par un « auto-diagnostic »

De manière générale, quand vous prenez la parole en public,

regardez-vous vos interlocuteurs dans les yeux ?	plutôt oui ○	plutôt non ○
souriez-vous à vos interlocuteurs ?	plutôt oui ○	plutôt non ○
faites-vous attention à garder la tête bien droite ?	plutôt oui ○	plutôt non ○
avez-vous l'impression de contrôler l'usage de vos mains ?	plutôt oui ○	plutôt non ○
debout, avez-vous l'impression de contrôler vos jambes ?	plutôt oui ○	plutôt non ○
avez-vous l'impression de contrôler et maîtriser tous vos mouvements ?	plutôt oui ○	plutôt non ○
Enfin, avez-vous relevé chez vous ce qu'on appelle des gestes parasites ?	oui ○	non ○

Si oui, lesquels ?

....

....

....

Êtes-vous à l'aise plutôt debout ou assis(e) ? ....

De manière générale, quand vous prenez la parole en public, votre corps est plutôt :

une gêne ○ un allié ○ c'est indifférent pour vous ○

Debout ou assis(e) ? Vous aurez une décision à prendre à ce sujet après votre exposé. Choisissez la position dans laquelle vous serez le plus à l'aise.

1 Votre posture debout ou assise

- Votre posture est la manière dont vous allez vous tenir dans la salle, face au jury.
- Pour l'exposé oral, **placez-vous au centre de la pièce**, à environ 2 mètres du jury. **« Ancrez-vous »** : les pieds bien droits et légèrement écartés de la largeur de votre hanche, la tête haute tournée vers le jury et le dos droit. Ensuite, si vous vous asseyez, **ne vous adossez pas** et restez bien tourné(e) vers le jury. **Évitez de balancer vos jambes** ou de les positionner sous la chaise.
- Retrouvez des schémas des « bonnes postures », imprimés au dos de la couverture au début de ce cahier.
- Debout ou assis(e) après votre exposé ? Vous pouvez choisir de vous asseoir après votre exposé, pendant la discussion et l'échange avec le jury, **surtout s'il y a une table devant vous**. Cela vous évitera de vous poser la question de ce que vous allez faire de vos jambes (qui seront quand même visibles sous la table). Vous pouvez aussi choisir de rester debout pendant toute l'épreuve si vous vous sentez plus à l'aise.

> Si vous bougez involontairement pendant l'exposé, prenez le temps de vous remettre en position ancrée.

> Par politesse, vous pouvez demander au jury si vous pouvez vous asseoir ou lui signaler que vous vous asseyez (« *je me permets de m'asseoir…* »).

Exercez-vous

Recherchez la position debout qui vous permet le meilleur équilibre et développe votre assurance.

- **Parlez** pendant une minute :
  - avec interdiction de bouger vos pieds, debout sur votre lit, un fauteuil, ou un coussin suffisamment épais afin d'expérimenter la meilleure position : jambes jointes ou très resserrées, jambes très écartées, jambes croisées ;
  - le corps bien collé contre un mur sans pouvoir bouger les mains, les bras, la tête ;
  - debout, bien ancré(e).
- **Parlez** d'un sujet de votre choix pendant 1 minute debout en bougeant exagérément jambes et mains, puis en ne bougeant pas du tout.

Dans ces différentes positions, qu'avez-vous ressenti ?

> Il n'est pas nécessaire de marcher lors du Grand oral : vous n'êtes pas un conférencier devant une grande salle.

2 Votre sourire et votre regard

a Souriez régulièrement aux membres du jury, c'est le secret de la réussite !

- Pendant votre exposé, vous pouvez sourire au moment où vous expliquez pourquoi la question choisie vous a intéressé(e), ou s'il y a des **moments détendus**.
- Vous pouvez surtout sourire **pendant la discussion** en fonction des questions, des réponses, des rebonds durant ce « dialogue à trois ».

Vous porterez peut-être un masque le jour du Grand oral. Votre regard prendra plus d'importance. Et souriez car cela se « voit » à travers un masque.

b Il est impératif de créer un lien grâce au contact visuel avec les membres du jury

- Regardez alternativement les membres du jury, en fonction de leurs actions ; par exemple, regardez **celui qui vous interroge** et débutez votre réponse en le regardant, puis regardez l'autre juré.
- Faites en sorte **que chaque juré se sente concerné** et tout particulièrement l'enseignant(e) ou le (la) professeur-documentaliste qui n'enseigne pas la spécialité choisie.
- Accompagnez avec votre regard **vos pauses** les plus longues ou **les mots que vous voulez souligner**.

L'absence de notes lors de l'exposé a pour objectif d'éviter que vous passiez une partie du Grand oral à lire, tête baissée.

De manière générale,

regardez-vous vos interlocuteurs dans les yeux ?	plutôt oui ◯	plutôt non ◯	je ne sais pas ◯
souriez-vous à vos interlocuteurs ?	plutôt oui ◯	plutôt non ◯	je ne sais pas ◯

Si vous répondez « plutôt non », entraînez-vous à modifier vos habitudes.
Si vous ne savez pas, prêtez-y attention.

Exercez-vous

- **Faites l'essai**, debout :

– baissez les yeux en parlant d'un sujet de votre choix. Quel impact cela a-t-il sur le volume de votre voix ?

....

....

– tout en parlant, laissez votre regard errer un petit peu partout dans une pièce. Que ressentez-vous ?

....

....

- **Exercice en petit groupe :** vous parlez d'un sujet de votre choix. Tout le public a une main levée au début de votre intervention. Chacun baisse la main lorsqu'il a le sentiment d'avoir été « regardé » au moins deux secondes. Si vous regardez ailleurs (le plafond, le fond de la salle…), tout le monde lève la main et vous devez recommencer jusqu'à ce que toutes les mains soient baissées.

Quand vous parlez dans la vie de tous les jours et durant vos séances de simulation, entraînez-vous à regarder dans les yeux vos interlocuteurs. Et encore mieux, avec un sourire.

3 Vos mains et vos gestes

Vos mains « parlent » aussi et accompagnent vos paroles et vos silences.

- **Appuyez avec vos mains** les mots-clés de vos exposés et de vos réponses.
- Maîtrisez vos gestes et entraînez-vous à « parler avec vos mains » (retrouvez des exemples d'usage de vos mains, imprimés au dos de la couverture au début de l'ouvrage).
- **Listez et combattez vos gestes parasites**, mais n'y pensez pas trop le jour du Grand oral, restez concentré(e) sur ce que vous dites et restez tourné(e) vers le jury.

Seules vos mains doivent « parler », vos pieds doivent quant à eux rester ancrés au sol.

Exercez-vous

- **Choisissez et préparez un thème** de votre choix afin de convaincre votre auditoire en 2 minutes (par exemple de s'engager à vos côtés pour une cause ou de regarder une série qui vous a plu…).

Dans un premier temps, parlez sans faire aucun geste. Dans un deuxième temps, parlez en mimant et en insistant sur certains mots importants de manière exagérée. Puis mimez les mêmes phrases sans les prononcer, uniquement avec les gestes. Enfin, en parlant, argumentez naturellement en utilisant vos mains, ainsi que votre regard et votre sourire.

Exercices à réaliser à plusieurs

- Un de vos camarades surligne des mots d'un texte de manière aléatoire, vous devrez lire le texte à haute voix en insistant sur ces mots avec vos mains, puis avec la voix, le regard et les mains. Lisez-le ensuite comme cela vous semble le plus pertinent et en utilisant vos mains.
- Parlez sur un sujet qui vous intéresse, les mains dans le dos. Un de vos camarades appuie ce que vous dites avec ses mains (et du regard). Puis inversez les rôles.

4 Se filmer et analyser des vidéos pour vous entraîner

- **Vous pouvez vous filmer avec votre téléphone.** Attention : on n'aime généralement pas se voir ni s'entendre : il est donc assez difficile de s'auto-évaluer.
- Vos enseignants vous proposeront peut-être d'**analyser des vidéos** de personnes prenant la parole. Vous pouvez aussi en trouver sur Internet. Nous vous conseillons, par exemple, les conférences « *Ma thèse en 180 secondes* », en vous rappelant qu'il s'agit des meilleurs étudiants qui ont une dizaine d'années de plus que vous et qui doivent volontairement résumer leur thèse en 180 secondes dans le cadre d'un concours d'éloquence.

Nathan live!

Vidéos de grand(e)s communicant(e)s. Ne vous tracassez pas si vous n'êtes pas à leur niveau : rappelez-vous que ce sont des professionnel(le)s !

Vous trouverez à la fin de cet ouvrage une grille d'analyse qui vous aidera à décrypter ces vidéos et à vous améliorer.

12 S'entraîner au Grand oral

Vous disposez de nombreux mois pour préparer votre Grand oral et pour vous entraîner jusqu'au jour de l'épreuve. Toutes les parties de l'épreuve doivent être simulées et révisées.

Pourquoi vous entraîner ?

Vous entraîner et simuler toutes les parties du Grand oral vous permettra de les maîtriser le jour de l'examen, mais aussi, au fur et à mesure de vos entraînements, d'améliorer et d'affiner vos exposés, vos supports, ainsi que vos réponses aux questions. C'est aussi le meilleur moyen de mémoriser naturellement l'ensemble du contenu que vous avez préparé pour le Grand oral. Enfin, cela accroîtra votre confiance sur les techniques de l'oral.

Avec qui et comment vous entraîner ?

- Tout d'abord, vous planifierez vos entraînements en fonction de ceux que **votre classe ou votre lycée** organiseront probablement. Mais le Grand oral exige un **travail personnel**. Vous pouvez aussi vous entraîner **en vous enregistrant**, en vous filmant et surtout travailler avec vos camarades de classe, toujours avec bienveillance !
- Ces moments doivent être **préparés à l'avance**, **prévus**, **encadrés** et **évalués** afin de vous améliorer à chaque fois. Pour vous aider, utilisez la grille d'évaluation que vous trouverez à la fin de cet ouvrage.

Assurez-vous de réviser autant de fois chaque partie de votre Grand oral en notant toutes les dates où vous les simulerez formellement.

Vous pouvez bien entendu vous entraîner plus de 10 fois.

Simulation de votre question 1 (exposé, support, réponses aux questions du jury relatives à l'exposé et au programme)	**Simulation de votre question 2** (exposé, support, réponses aux questions du jury relatives à l'exposé et au programme)	**Réponses aux questions du jury concernant le projet d'orientation**
Date 1	....	**à partir de la question 1**
Date 2	....	Date 1 ....
Date 3	....	Date 2 ....
Date 4	....	Date 3 ....
Date 5	....	Date 4 ....
Date 6	....	Date 5 ....
Date 7	....	**à partir de la question 2**
Date 8	....	Date 1 ....
Date 9	....	Date 2 ....
Date 10	....	Date 3 ....
		Date 4 ....
		Date 5 ....

→ Préparez votre texte en prenant en compte les techniques de l'oral

Vous devez anticiper votre manière d'énoncer certains mots ou de faire des pauses en les faisant apparaître sur les textes de vos exposés avant vos simulations. En vous y entraînant, les techniques de l'oral seront plus naturelles.

1 Préparez votre texte

– Collez ci-dessous une quinzaine de lignes extraites de votre question 1, choisies à cheval sur deux parties ou sous-parties.

COLLEZ ICI VOTRE EXTRAIT DE TEXTE

– Comme vous l'avez peut-être déjà fait p. 36 et p. 39, surlignez d'une couleur les mots ou phrases courtes sur lesquels vous allez insister de la voix, et d'une autre couleur les connecteurs logiques (« *ainsi* », « *cependant* », « *pourtant* »...) sur lesquels vous allez varier votre intonation.

– Soulignez les mots ou les phrases courtes sur lesquels vous faites un geste particulier. Ajoutez un ou deux traits obliques (//) aux moments où vous prévoyez de faire une pause plus ou moins longue.

Pendant vos simulations, donnez à votre « jury » le texte que vous avez préparé afin qu'il s'assure que vous respectez vos propres consignes.

2 Entraînez-vous

– Entraînez-vous à énoncer ce texte jusqu'à ce que vous respectiez les consignes que vous avez décidé d'appliquer.

– Généralisez ce procédé à l'intégralité de vos deux questions du Grand oral.

Si vous n'arrivez pas appliquer certaines de vos consignes, faites-les évoluer afin d'être le plus à l'aise possible lors de l'exposé.

→ Mémorisez votre exposé

Première question

Apprendre par cœur l'intégralité de vos exposés pour le jour du Grand oral n'est pas une bonne idée. Vous ne seriez pas naturel(le) et si vous aviez un trou de mémoire, cela vous déstabiliserait.
En revanche, vous devez apprendre par cœur le début de votre introduction (voire toute l'introduction) afin de bien démarrer, la fin de votre conclusion (voire toute la conclusion) afin de bien terminer, ainsi que votre plan et ses enchaînements.

1 L'introduction

Relisez l'introduction que vous avez préparée p. 34 puis réécrivez ici de mémoire les deux premières phrases de cette introduction.

....

....

....

2 Le plan et l'argumentation

Relisez le plan et l'argumentation que vous avez préparés p. 34-35 et listez, dans l'ordre : les mots-clés, les arguments, les exemples, les termes de la (des) spécialité(s) et les sources que vous prévoyez de citer, ainsi que les connecteurs logiques.
Mémorisez ces éléments et leur enchaînement et réécrivez-les ci-dessous de mémoire.

....

....

....

....

....

....

....

....

....

....

....

Vous pouvez aussi transformer votre plan en une suite de phrases rédigées, résumant chaque sous-partie.

3 La conclusion

Relisez la conclusion que vous avez préparée p. 36 puis réécrivez ici de mémoire les deux dernières phrases de votre conclusion.

....

....

....

→ Entraînez-vous à la discussion

Première question

La discussion après votre exposé doit se préparer comme cela a été présenté p. 42.
Entraînez-vous à cette discussion afin de vous améliorer à chaque fois que vous simulez la discussion du Grand oral, en classe ou avec un camarade.

Première question du Grand oral

Quelles sont les questions qui vous sont posées le plus souvent ?
Indiquez si vous pensez en maîtriser les réponses.

.... oui ◯ pas encore ◯

.... oui ◯ pas encore ◯

.... oui ◯ pas encore ◯

.... oui ◯ pas encore ◯

.... oui ◯ pas encore ◯

Quelles sont les questions les plus inattendues ?
Indiquez si vous pensez en maîtriser les réponses.

.... oui ◯ pas encore ◯

.... oui ◯ pas encore ◯

.... oui ◯ pas encore ◯

.... oui ◯ pas encore ◯

.... oui ◯ pas encore ◯

Toutes les « perches » que vous tendez au jury fonctionnent-elles ? oui ◯ non ◯

Si non, quelles modifications pouvez-vous apporter afin que ces « perches » fonctionnent ?

....

....

....

....

Quelles sont les questions sur le programme de(s) spécialité(s) en lien avec votre sujet ?

....

....

....

....

Maîtrisez-vous ces questions ? oui ◯ pas encore ◯

Quelle est l'actualité de votre sujet ?

....

....

....

→ Mémorisez votre exposé

Deuxième question

1 L'introduction

Relisez l'introduction que vous avez préparée p. 37 puis réécrivez ici de mémoire les deux premières phrases de cette introduction.

....

....

....

....

Bien mémoriser dépend de votre motivation, votre compréhension et votre entraînement.

2 Le plan et l'argumentation

Relisez le plan et l'argumentation que vous avez préparés p. 37-38 et listez, dans l'ordre : les mots-clés, les arguments, les exemples, les termes de la (des) spécialité(s) et les sources que vous prévoyez de citer, ainsi que les connecteurs logiques.
Mémorisez ces éléments et leur enchaînement et réécrivez-les ci-dessous de mémoire.

....

....

....

....

....

....

....

....

....

....

....

....

....

....

Le jour du Grand oral, tout ne se passera pas au mot près exactement comme prévu mais vous n'aurez pas de problème de mémoire grâce à votre entraînement régulier.

3 La conclusion

Relisez la conclusion que vous avez préparée p. 39 puis réécrivez ici de mémoire les deux dernières phrases de votre conclusion.

....

....

....

....

En vous entraînant, vous connaîtrez parfaitement votre exposé : ce sera une étape pour l'énoncer naturellement, toujours avec des légères variantes comme vous le verrez lors de vos révisions.

→ Entraînez-vous à la discussion

Deuxième question

La discussion après votre exposé doit se préparer comme cela a été présenté p. 43.
Entraînez-vous à cette discussion afin de vous améliorer à chaque fois que vous simulez la discussion du Grand oral, en classe ou avec un camarade.

Deuxième question du Grand oral

Quelles sont les questions qui vous sont posées le plus souvent ?
Indiquez si vous pensez en maîtriser les réponses.

.... oui ○ pas encore ○
.... oui ○ pas encore ○
.... oui ○ pas encore ○
.... oui ○ pas encore ○
.... oui ○ pas encore ○

Quelles sont les questions les plus inattendues ?
Indiquez si vous pensez en maîtriser les réponses.

.... oui ○ pas encore ○
.... oui ○ pas encore ○
.... oui ○ pas encore ○
.... oui ○ pas encore ○
.... oui ○ pas encore ○

Toutes les « perches » que vous tendez au jury fonctionnent-elles ? oui ○ non ○

Si non, quelles modifications pouvez-vous apporter afin que ces « perches » fonctionnent ?

....
....
....
....

Quelles sont les questions sur le programme de(s) spécialité(s) en lien avec votre sujet ?

....
....
....
....

Maîtrisez-vous ces questions ? oui ○ pas encore ○

Quelle est l'actualité de votre sujet ?

....
....
....

→ Mémorisez vos supports

Tout autant que vous révisez vos exposés, vous devez réviser vos supports et les éléments qui les constituent (voir p. 30 et 31).

Pour vos deux questions, listez tous les éléments qui composent vos supports dans l'ordre dans lequel ils apparaissent (textes, schémas, cartes, sources…).

Support 1

Première question

....

....

....

....

....

....

....

....

....

....

....

....

Vous devrez bien entendu savoir rédiger/dessiner en détail tous ces éléments.

Support 2

Deuxième question

....

....

....

....

....

....

....

....

....

....

....

....

Le jour du Grand oral, vous devez prévoir dans votre trousse tous les crayons, feutres, règles… nécessaire pour réaliser le support que vous avez prévu.

→ Entraînez-vous à parler de votre orientation

Voici quelques questions probables, autres que celles p. 45, dont vous devez préparer les réponses. Rédigez vos réponses et entraînez-vous à les énoncer.

Quels étaient vos principaux choix d'orientation sur Parcoursup ? Pourquoi ?

....

....

....

....

Quelles sont les réponses que vous avez reçues et quel est votre principal choix aujourd'hui ? L'avez-vous déjà confirmé ? Que pouvez-vous nous dire à propos de la formation que vous visez ?

....

....

....

....

Au moment du Grand oral, vous aurez reçu des réponses de Parcoursup. Concentrez-vous sur la formation dont vous savez qu'elle vous accueillera ou sur les deux qui vous intéressent le plus.

Comment vous êtes-vous informé(e) à propos de votre orientation ? Quelles démarches avez-vous entreprises ?

....

....

....

Avez-vous une idée de projet professionnel ? Si oui, quelles sont les différentes voies d'orientation possibles ?

....

....

Vous devez être capable d'évoquer concrètement votre projet professionnel si vous en avez un.

....

....

Qu'est-ce qui vous intéresse dans le métier/secteur d'activité que vous envisagez ? Avez-vous pu discuter ou échanger avec des personnes qui y travaillent ?

....

....

....

....

Quel est le lien entre votre (vos) spécialité(s) et votre orientation ?

....

....

....

Il ne s'agit pas de justifier vos choix d'orientation auprès du jury mais de montrer votre motivation.

→ Préparez le temps de préparation

Quand le jury vous aura indiqué quelle question vous allez traiter, vous disposerez d'un temps de préparation de 20 minutes pendant lequel on vous fournira du papier brouillon et un papier pour le support. Vous pourrez réviser mentalement les différentes parties du Grand oral, par écrit ou à haute voix, rédiger votre support, etc.
Il vous faut aussi simuler ce temps de préparation afin de ne pas improviser le jour du Grand oral.

Notez et minutez ce que vous comptez faire durant ce temps de préparation.

....

....

....

....

....

....

....

....

....

→ Conseils pratiques avant le Grand oral

La veille du Grand oral, vous avez préparé :

- ◯ la liste de vos deux questions validées officiellement par votre établissement.
- ◯ votre convocation.
- ◯ une pièce d'identité.
- ◯ une montre ou un minuteur.
- ◯ une petite bouteille d'eau.
- ◯ éventuellement une barre de céréales.
- ◯ tout le matériel nécessaire pour rédiger/dessiner vos supports.
- ◯ la tenue que vous porterez.

De plus, vous avez :

- ◯ prévu de ne pas vous coucher trop tard (après avoir éteint votre téléphone).
- ◯ demandé à une personne de confiance de vérifier que vous êtes bien réveillé(e) à l'heure prévue.
- ◯ vérifié le parcours pour rejoindre l'établissement où vous passez le Grand oral (si ce n'est pas le vôtre).

Prévoyez une tenue sobre : ni trop détendue (évitez de mettre un survêtement ou un tee-shirt), ni trop élégante (un tailleur ou une cravate ne sont pas nécessaires). Et surtout une tenu dans laquelle vous êtes à l'aise !

N° de projet : 10277041 - Dépôt légal : Avril 2021
Achevé d'imprimer en juillet 2021 en France par Estimprim - 25100 Autechaux